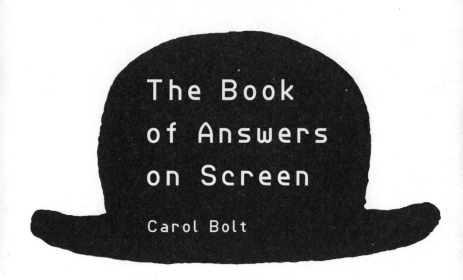

The Book of Answers on Screen

Carol Bolt

Discover

この本の使い方

この本は、有名な映画作品の中から、あなたが迷っていることへの答えになりうる言葉を選び出して集めたものです。どんな問題にもぴったりの答えが、必ずあります。

1. ひざかテーブルの上に本書をのせます。

2. あなたの迷っていることを質問の形にします。できるだけ具体的に。
「履歴書を送ろうと思っている会社は、本当に自分に向いているだろうか？」
「今週末は旅行にいこうか？」のように。

3. 表紙の上に手を置き、10〜15秒間、その質問に意識を集中します。

4. 質問を心の中で繰り返しながら（質問は一度にひとつだけ）、
本の右端を奥から手前に指でなぞります。

5. ピンとくるものを感じたら、そのページで本を開いてください。
あなたの質問に対する答えがそこにあります。

5

サム・スペード

『マルタの鷹』

もっと自慢しなさい。

④

ワイル

『救命艇』

生きのびたいなら計画にしたがえ。

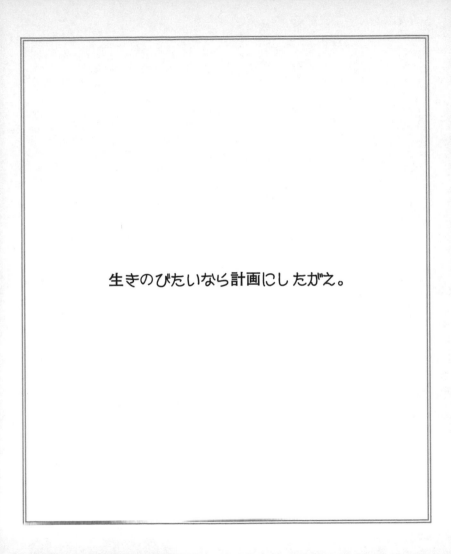

③

エリザベス
『ヤング・フランケンシュタイン』

生命の神秘だ。

②

オスカー
『スウィート・チャーリー』

逃がしちゃいけない。

ローラ・ダズモンド
『サンセット大通り』

終わらせる準備をはじめなさい。

マギー
『シティー・オブ・エンジェル』

あなたのものではないわ。

陪審員

『12人の怒れる男』

正しいことをする勇気があるのか。

キャメロン
『水源』

その役割によって形は決まっている。

トム・ローズ・フィリー

『乾いた太陽』

大きなことを夢にもち、

大胆に行動すれば、

大物になれるだろう。

キャリー・ウェッツ
『バウンディフルへの旅』

手遅れにならないうちに出発しよう。

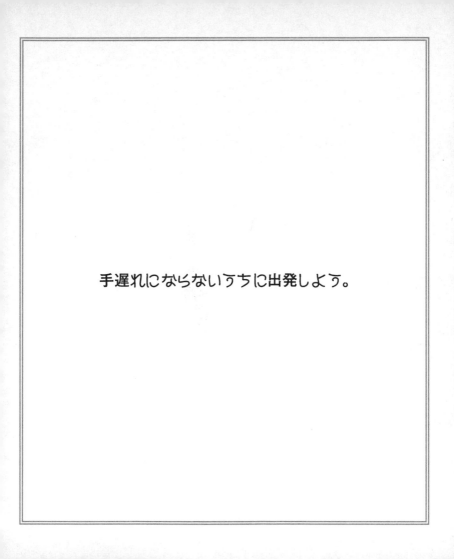

デニー

『愛と哀しみの果て』

いいえ。

ニッキー・フェラント
『めぐり逢い』

必要なら手に入るわ。

アリス・トリップ
『陽のあたる場所』

今あるもので充分。

フィルダー

『寒い国から帰ったスパイ』

協力者が必要だ。

ロレッタ・キャストリーニ

『月の輝く夜に』

そこから抜け出しなさい。

ジョシュ・レナルド
『ブレア・ウィッチ・プロジェクト』

最後には同じところに戻ってくる。

ジェイク・ギテス
『チャイナタウン』

ビジネスには、

ある種のテクニックが必要なのさ。

アルビー・シンガー
『アニー・ホール』

少しずつだが、

道を踏み外している。

チャールス・ボネット
『おしゃれ泥棒』

秘密をあばきたいのなら、

その人の真似をしなさい。

ベル・ローズ

『ポセイドン・アドベンチャー』

ほかに何ができるの？

マギー
『熱いトタン屋根の猫』

この世界には、

直面しなければならない現実が

いくつもあるものだ。

メラニー・ダニエルス
『鳥』

無視するなんて

正気の沙汰とは思えない。

サージェント・ジャック・グラハム
『疑惑の影』

しばらく様子をみましょう。

ベイト
『サイコ』

黙ってここに座って。

ミカエル・コルレオーネ
『ゴットファーザー』

その情報に

多額の報酬を

支払う者もいるだろう。

ドクター・ミカエル
『ミクロの決死圏』

時代の流れに従え。

ラリー・タルボット
『オオカミ男』

自分で自分を救うことは

できないのさ。

エルドン・タイレル
『ブレードランナー』

自分の時間を楽しみたまえ。

ドロシー・パーカー

『ミセス・パーカー／ジャズエイジの華』

電話するなんて不作法よ。

プリンシパル

『いつも心に太陽を』

成功や失敗はすべて

あなた自身によるものだ。

フランク・スターク
『理由なき反抗』

時間をつくれ。

アデレード

『愛と喝采の日々』

行動しなさい。

フォグ
『８０日間世界一周』

ぐずぐずするな。

テリー

『暗い鏡』

どんな違いがあるっていうんだい?

トニー
『ダイヤルMを廻せ！』

説得力があるね。

ラジオアナウンサー
『真夜中のカウボーイ』

簡単だというのなら、

やってみなさい。

ベローク
『レイダース／失われたアーク《聖櫃》』

陶磁器を掘りおこすのに

ブルドーザーは使わないだろ?

ダース・ベイダー

『スター・ウォーズ』

もはや誰にも止められない。

ナレーター
『レベッカ』

もう戻れない。

ドク・ブラウン
『バック・トゥ・ザ・フューチャー』

自分の運命は誰も知らない。

トウモロコシ畑の声

『フィールド・オブ・ドリームス』

それをつくれば、彼が来る。

グリンダ
『オズの魔法使い』

やっぱり我が家がいちばんだね。

ウィル・ハンティング
『グッド・ウィル・ハンティング／旅立ち』

はっきりしろ。

ミセス・ベイト
『サイコ』

いいえ。

スティーブ
『シングルス』

ひとりでいくんじゃない。

ニコルソン隊長
『戦場にかける橋』

敗北を勝利に。

モーツァルト
『アマデウス』

ほしいだけのお金が得られるのさ。

それ以上でも、それ以下でもない。

ドリス・アーティンガー
『アダム氏とマダム』

同時に2つの方法をとることはできない。

ブロディ
『ジョーズ』

もっと大きな船が必要だ。

メリー・ポピンズ
『メリー・ポピンズ』

とっても愉快な方法ね。

カイル・リース
『ターミネーター』

未来は決まっちゃいない。

ピノキオ
『ピノキオ』

手をおろしたいから、

ひもをはずしてよ。

アルビー・シンガー

『アニー・ホール』

そんなことをいわないでくれよ。

ドクター・フレドリック・フランケンシュタイン
『ヤング・フランケンシュタイン』

それが研究というものさ。

チャーリー・ラビット
『レインマン』

ほとんど覚えちゃいない。

アレックス

『危険な情事』

自分の責任を自覚しなさい。

ソウルのラジオ放送

『M★A★S★H　マッシュ』

「さよなら」と

いわなければならない。

ファイターのパイロット
『スター・ウォーズ』

目標にとどまれ。

ジョディア・リーランド
『市民ケーン』

自分の分をわきまえなさい。

ロイ・ニアリー

『未知との遭遇』

何かを暗示している。

兵士
『十戒』

この場から立ち去れ!

ダシール・ハメット
『ジュリア』

あきらめろ。

ジョーカー
『バットマン』

どうしても行くのなら、笑うんだ。

裁判官

『12人の怒れる男』

空想と現実を区別しろ!

ミスター・ロールストン
『市民ケーン』

もっと単純になっていくだろう。

アティカス・フィンチ
『アラバマ物語』

いいチャンスじゃないか。

E.T.

『E.T.』

おうちに電話をしなきゃ。

リック
『カサブランカ』

今日ではない。

明日でもない。

だが、きっともうすぐだ。

ヘレン・ローソン
『哀愁の花びら』

いま来たところから出てって。

アレックス
『時計じかけのオレンジ』

社会的常識を身につけなさい。

アーチャー・ムーンライト・グラハム
『フィールド・オブ・ドリームス』

2倍ではなく3倍にのばしなさい。

フォレスト・ガンプ
『フォレスト・ガンプ』

このチョコレートの箱のようなものさ。

何が入っているかわからない。

ジャン・モロー
『夜を楽しく』

あなたはその主義を広めないと。

ミカエル
『ゴッドファーザー』

断ることなどできない要求をすればいい。

ジョン・ベンダー
『ブレックファスト・クラブ』

悪いことがちょっといいことのように

思えることだってある。

ガイ・ホールデン
『コンチネンタル』

偶然なんかじゃない。

マックス・ビアリストック
『プロデューサーズ』

大衆の考えていることを理解しろ。

クリス・アダムス
『荒野の七人』

おまえが乗ったとしても問題はない。

モンシグノア・リャン
『招かれざる客』

最大限の努力をしなければならない。

イエス・キリスト
『最後の誘惑』

したがってはならない。

ドク・ブラウン
『バック・トゥ・ザ・フューチャー』

未来への深刻な影響はない。

フィンズフォード

『失われた地平線』

あなたにとっての

シャングリラ（理想郷）を

見つけなさい。

モーゼ

『十戒』

充分強いように見えるが。

ジョン・ミルナー
『アメリカン・グラフィティ』

クールでいろよ。

ホーリー・ゴリッドリ
『ティファニーで朝食を』

本当の人生を歩みなさい。

ジェームズ・ボンド
『007／ゴールドフィンガー』

どうしていけないんだい?

レスター・ブラハム
『アメリカン・ビューティー』

失うものなど何もない。

警察官
『マンハッタン殺人ミステリー』

良き隣人でありなさい。

ハリー・キャラハン
『ダーティ・ハリー』

幸運だと？

デッキー
『プリティ・イン・ピンク／恋人たちの街角』

それはうそさ。

ロイ・バティ
『ブレードランナー』

何を成し遂げるのか、見せてくれ。

メリン神父
『エクソシスト』

まわりを見わたしてみなさい。

トレイシー嬢
『フィラデルフィア物語』

ポケットにしまいなさい。

マーベリック
『トップガン』

秘密を明らかにしろ。

オスカー・シンドラー
『シンドラーのリスト』

ばれているに違いない。

アティカス・フィンチ
『アラバマ物語』

別な観点から物事を考えてみなさい。

ロボコップ
『ロボコップ』

トラブルは避けたほうがいい。

斉藤大佐
『戦場にかける橋』

働くことの中に幸せはある。

ビクトリア

『ビクター／ビクトリア』

自然でいるのがいちばん。

7人の小人

『白雪姫と七人の小人』

ハイホ!　ハイホ!

仕事に行こう!

セルピコ
『セルピコ』

自分を守りなさい。

マーゴ・チャニング
『イヴの総て』

追いかけたければ追いかければいい。

でも、追われるのはだめ。

マキャリー・コナー
『フィラデルフィア物語』

何が不便なの？

ジョー

『酒とバラの日々』

お金がいくらかかるかなんて

問題じゃない。

アダム・ボナー
『アダム氏とマダム』

準備しなさい。

ロバート・コンウェイ
『失われた地平線』

向こう側からはどう見えるのか考えてみろ。

HAL9000

『2001年宇宙の旅』

申し訳ありませんが、

情報が足りません。

シャロン・ウォーターズ
『マイ・プライベート・アイダホ』

すべて、いずれは正される。

看守
『パピヨン』

時間の問題だ。

イスリン
『影なき狙撃者』

何もいわず、そこに座って協力して。

ハワード・シモン
『地獄のヒーロー／ザ・プレジデント・マン』

ほかをあたれ。

ドクター・ハンニバル・レクター
『羊たちの沈黙』

待っていれば、

いいことは起こるものだ。

キャリー

『キャリー』

あらゆるものは常に変化している。

セス
『シティ・オブ・エンジェル』

きみが信じようと信じまいと

それが真実なんだ。

ドナルド
『アリスの恋』

もし好きなら理解して。

リサ・キャロル・フレモント
『裏窓』

何を探してるんだ?

フランク・スコット牧師

『ポセイドン・アドベンチャー』

きっとなしとげられる。

ダラス
『アウトサイダー』

気にするな。

ローエンタール

『愚か者の船』

探し続ければ、必ず見つけられる。

マリア
『サウンド・オブ・ミュージック』

好きなことを覚えればいい。

ミセス・バウマー

『西部戦線異状なし』

守って。

エージェントJ

『メン・イン・ブラック』

おそらくね。

ジョー・ブック
『真夜中のカウボーイ』

何をしようとしているか

わかっているのかい。

ジョン・フォーガソン
『めまい』

神経質になるな。

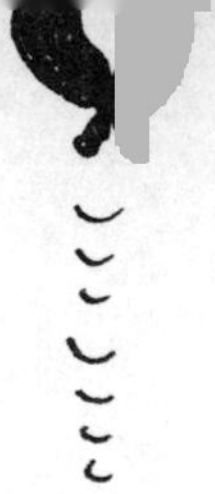

ジェリー・モリガン
『巴里のアメリカ人』

誰がそれ以上のことを聞くっていうんだい。

fin

ジョン・ハーパー
『プラン９・フロム・アウター・スペース』

答えはどこかほかのところにある。

The Book of Answers on Screen

発行日　2002年11月25日　第1刷

DESIGNER　守先正

ILLUSTRATOR　川口澄子

PUBLICATION　株式会社ディスカヴァー・トゥエンティワン
〒102-0082　東京都千代田区一番町13-3　電話　03-3237-8991（編集）
03-3237-8345（営業）　FAX　03-3237-8323　http://www.d21.co.jp

PUBLISHER　干場弓子

EDITOR　小関勝則

PROMOTION GROUP
CHIEF　小田孝文、中澤泰宏
STAFF　片平美恵子、井筒浩、千葉潤子、芳澤岳史、斎藤美保
ASSISTANT STAFF　俵敬子、長土居園子、町田加奈子、丸山香織、小林里美、冨田久美子、大高徳子
TELEPHONE ANGEL　藤井多穂子、矢田貝英里、片瀬真由美、藤井かおり、秋元智、栗原万里亜
CLERK　畑山祐子、岸由紀子

OPERATION GROUP
STAFF　吉澤道子、赤池篤、伊藤裕樹
ASSISTANT STAFF　竹内恵子、熊谷芳美、縫部由美、山田真利、望月緑、上形学而、
田爪陽子、浜田仲恵、田村悟子

PRINTING　株式会社厚徳社

　ISBN4-88759-229-9

この本をお読みになってのご感想や、「こんな本をつくってほしい！」というリクエストなど、
なんでも結構です。お気軽に編集部・小関までメールでお寄せください。
アドレスはkatsu@d21.co.jp です。お待ちしています！